صباح القُدس

طارق التريري

طارق التريري, Published by 2022.

While every precaution has been taken in the preparation of this book, the publisher assumes no responsibility for errors or omissions, or for damages resulting from the use of the information contained herein.

صباح القُدس

First edition. June 18, 2022.

Copyright © 2022 طارق التريري.

ISBN: 979-8223255765

Written by طارق التريري.

Also by طارق التريري

طارق التريري: الأعمال الكامله
قلبي اللي عِشقِك
على باب الله
على باب الله
لما كانت مصر دوله

Standalone
التُهمه عربي
الصُبح في بلادي
إنفصامستان
سُلطان العاشقين
في بلاد الأي حد
قُليل لما بشتاقلي
كُل العساكر كدابين
دم الحُسين
دوايرك
عند باب الحلم
ذكريات الميدان
لاجديد
خاسر
صباح القُدس
وجع القصيده

فارس بلا مُهره
شهريار لم الحكايه
لا جديد
ماكبرتش ومش عايز اكبر
قادر ربك يفرجها
إبتلاء إن انتا مصري

Watch for more at tarqablog.blogspot.com.

لكُل مُحبي الشعر. أتمنى العمل ينال رضاكُم

لكُل مُحبي الشعر. أتمنى العمل ينال رضاكُم

افتكرلو

افتكرلو كلمه حلوه
أو ف يوم اشتقت ليه
كان شريك فى الحلم مره
أو ايديك لمست ايديه
أو زعلت لقيت دموعك
فجأه سالت من عينيه
أو ف يوم الحُزن هدك
قُمت تتسند عليه
كُنت كُل اماني عُمرو
وكان شُموع ب يقيد ايديه
فجأه ب مُجرد خصامكُم
يبقى كُل السوء دا فيه؟
فجأه صار رمز الكأبه
وفجأه صار ما اعرفش ايه
صورتو فجأه بتستفزك
فى الطريق لما تلاقيه
تلتفت ولأي ناحيه
إلا ناحيه بتحتويه
ينكسر يتلاشى ضِلو
واللي فاضل منو ايه؟
اعترافو ب إن عِشقك
كان فى يوم أجمل ما ليه

الطيب اهبل

فى البلد دي الطيب أهبل
والجميع ضاحك عليه
حتى ضلو اتبرا منو
ودعو ونفض إيديه
تيجى سيرتو ساعات فى قعده
وتتبعت لعنات إليه
كُلُهُم فجأه استقروا
وابتدوا بالنهش فيه
واتلعن أجداد جُدودو
وقام نطق مليون سفيه
كُلُهم بيجيبوا سيرتو
وكُلُهُم حاقد عليه
يعنى هوا لوحدو فاهم
مالو متجنبنا ليه
ومالو عامل فيها زاهد
مُقتنع بالكام جنيه
سرقه لأ ونصب لأ
يبقى عايش فيها ليه
جاتوا داهيه ف دم أهلو
ودم مين يشتاق إليه
أو يفكر يوم يصاحبو
أو يأمن باللي فيه
من هبل عشش فى مُخو
وفقر عايش وحدو فيه

يا صباحات المحبه

ياصباحات المحبه
ويانسيم مليان حنين
هل من عطر الجناين
من قلوب المُنشدين
من عيال رايحه المدارس
من الُؤف مستعجلين
مدوا ليكي الخطوه اكتر
ل اجل بُكرا يروق يلين
حلموا فيكي الصبر يطرح
تبتسم مره السنين
والأمل مره يناديهُم
ملوا من طول الآنين
واصطبار ترجع حقوقهُم
تحسبيهُم موجودين
مش مُجرد ناس وعايشه
وجوا حيطك مدارين
واللي ضيع عُمرو فيكي
زيدتي فيه بس الآنين
وفيتيه حقو وزياده
من مرار من طفح طين
ورغم ذلك لسا عاشقك
نعمل ايه في المُغرمين؟

التوفيق وعدمو

إنهُ التوفيق وعدمو
من بدايات الميلاد
تتولد في بلاد حقيقي
أو نجوع شِبه البلاد
ليها برضو نشيد ورايه
بس لكن مش بلاد
فاكر انك قال مواطن
والحقيقه انك وداد
أو سنيه أو بهيه
أو يادوب تتشبه عماد
فى البطاقه انك مواطن
بس مش صاحب بلاد
انتا اخرك فيها أُجري
وليها ناس تانيه البلاد
مولودين محفوظ حُظوظهُم
وانتا ماسك فى الجراد
مهما بتحاول تمصمص
تاخُد ايه من دا الجراد
النصيب كان م البدايه
من بدايات الميلاد
اما حلمك فتسامحني
راح خلاص فات الميعاد
لو حُظوظك كانت احسن
كُنت جيت فى بلاد بلاد
مُش مجرد نجع وانتا
واهم انو يصير بلاد

مُش ناويه

ما ضحكتشي ومُش ناويه
وانا ما بقيتش مستني
ولا مصدق ح تتعدل
حلمت وتوهت فى حلمي
ويوم عن يوم ب تتقندل
شهور ف سنين ب تُعصُرني
واقول هانت ح تتبدل
والاقي الفرح بيخبط
يقولي يلا ح نعزل
كفايه حُزن قوم بينا
خلاص ماعادتشي ح ترذل
وخُد حقك من الفرحه
وجهز حلمنا واغزِل
واقول يمكن خلاص عقلِت
وناويه حقيقي تتعدل
تعود ريما لعادتها
وتنفُض كل ما ب اغزل

"

وطن التعريص فريضه

وطن التعريص فريضه
والسُنه مسح جوخ
والنافله انك تنافق
تذلل للمُسوخ
رقاصه اهي فى الطليعه
وخُصيان عمِلِت شيوخ
عيان بيزُق ميت
وتيوس تورث لطوخ
وانتا المجبور ودايماً
عاشق تشرب فى خوخ
تفضل داير فى ساقيه
وف أخر اليوم تدوخ
ترجع شايل رغيفك
هارب من كوم فخوخ
منصوبه ف كل خطوه
وانتا بكُل الشموخ
فرحان برغيف معفن
مليان بكتير شُروخ
وكأنك جبت حقك
من خونه وكوم لُطوخ
وتقوم وتنام معرص
راكع تمسح فى جوخ
فى بلاد حلِفِت ما تِولد
غير بس ديول مُسوخ

وجاي ثوار

ولاد الزانيه فى بلادي
بقوا الأحرار
وقُرني خلاص عمل راجل
على الثوار
دفنهُم بالحيا فيها
وقال إحضار
وضبط لأي مين يحلم
حيدخُل نار
دقون فاسده وبتأمِن
وتعمل زار
وبايعه دينها للحاكم
وشاريه الدار
وعارفه إنها فانيه
ومُش لقرار
وتسألهُم كدا ديننا؟
بيتخرسوا وموت ياحمار
وكلب مضلِم الشاشه
وهات يا سُعار
على الثوره وعُشاقها
وع الثوار
كلاب ضالّه واهي بتبني
فى ألف جدار
يحوشهُم من طوفان ثوره
ويوم التار
امانيهُم بتخدعهُم
وجاي نهار
مايقدر حد ع الثوره
ولا الأشعار
ومهما يعافروا حتزهر
وجاي ثوار

كارثه كُبرى

إنك انتا تكون مُثقف
فى البلد دي كارثه كُبرى
كُلهم حيجيبوا سيرتك
من حلايب حتى شُبرا
والدول برضو الصديقه
وكُلهم طمعان فى هبره
ما انتا بايع قالوا بلدك
والفلوس ع البنك عابره
وطبعاً انتا أكيد ممول
من جماعه ف دوله كُبرى
فكرك الهدام وحلمك
فى الحياه بحُريه غبره
وان كُل الشعب واحد
ده كلام يتقال فى أوبرا
أو تقولوا ياسيدى لأُمك
واللي ساكته عليك وصابره
اما دول فحكومه واعيه
حكومه قادره حكومه هابره
يدفنوك حي بإشاره
لو فتح بُقك بنبره
وانك انتا تكون مُثقف
فى البلد دي مُصيبه كُبري

دمشق

انا القاتل و انا المقتول
و انا المصلوب على بابِك
عرب ماتوا عرب بادوا
دمشق وباديه في غيابك
خلاص لميتي حواديتك
خلاص داخله فى سردابك
ماعادش الزهو والهيبه
خلاص خُلصِت وادي كتابك
بيقلب صفحة العزه
وسال دمِك على عتابك
بلاد ياما حكمتيها
مُلوك وقفِت على بابك
بتستنى السماح تدخُل
بتترجى فى حُجابك
أميرك بس يرحمهُم
ويقبلهُم على ترابك
يأمنهُم على روحهُم
عبيد تُحرُس حَرَم بابك
وكُل الأرض فى آسرك
أُمم خضعِت وبتهابك
ونصبح فى زمان المسخ
زمامِك يملكوا كلابك
ويرجع كُل من لُه تار
يدُك بغِل فى بابك
خلاص صابك ما صاب بغداد
وباديه تخُشي سردابك
و انا القاتل و انا المقتول
انا العربي على بابك
زماني مُش زمان أبطال
وصابني كُل ما صابك

صواريخ بلاستيكيه

عم يابتاع البلاستيك
عم يا بتاع الصاروخ
جاتها نيله فيوم ماولدت
زودت عدد اللطوخ
اتحفت مصر بفضيحه
ومُعجزه وجات فى النافوخ
اكتشفنا ووخري جداً
م البلاستيك فيه صاروخ
روح إالهي الله يسيئك
يحرمك زينة المُخوخ
وتفضل اهبل زي ما انتا
والعقول فى غباك تدوخ
لك فضيحه فكُل حته
فى كُل حته بقيت فاسوخ
بس يوصل بيك خيالك
م البلاستيك فيه صاروخ
احا يا اخي وألف احا
وألف مية مليون صاروخ
فوق دماغ خنازير تصدق
كلمتك وتكون لطوخ
همُهُم بس ان عنك يهتفوا
ولبسوا الصاروخ

لحن الملل

لحن الملل
ثُم انهيارك جوا نفسك
والسفر لبلاد بعيد
وفكُل ليله الحلم يتعب
تسندو وتغزل نشيد
تصبيره يمكن يفتكر
ويمد إيد
خل اختفى من مية سنه
وفاتك وحيد
صابر تكابر فى الوجع
وحدك طريد
مستنى يوم تسمع خبر
عن شئ جديد
لكن ودايماً للأسف
قطع الوريد
مللك وسابك ترتعش
مستنى عيد
أو يوم يغور فيه الملل
ويروح بعيييييييييييد

نهايات

الصبر ثُم الصبر
ثُم المُعجزات
إنك تكمل خطواتك
تنسى الحاجات
الساكنه فيك من مية سنه
وملياك سُكات
وحنين مدوب غنوتك
علا الآهات
خلاك تأمن بالوجع
وتقولو هات
أخر ماعندك
وانتهى حتى بممات
انا مُت يوم ما اتجمدت
فيا الحاجات
وقبلت اكمل رحلتى
ف ذُل وسُكات
حالم وواهم تنفِرج
أو بُكرا أت
من غير ما اصمم
ع الوقوف ضد الشتات
ومتاريس كتيره بتتنصب
ضد الحاجات
الساكنه فيا ومُغرمه
بهمس النايات
لكن بتدبل ترتعش
تدخُل ممات
فى كهوف كتيره ومُبهمه
من عُمر فات
وماعادش فاضل غير وجع
وب اقولو هات

اخر ما عندك واتختم
حتى بممات

ماكانش

ماكانش الحُزن بيطول
ماكانش الهم ساكني
ماكانش عليا متعود
ومتمكن كدا منى
يادوب فى ساعات بنتعاتب
ويرحل يختفي عنى
وامنى النفس حنكمل
مافيش حاجه حتهزمنى
واواعد نفسي بالفرحه
معلى ف صوتى وب اغنى
ولو مره الظروف عاندت
ب اعاند مهما تخذلني
واواجه مهما كان موجها
ومتعايق كدا ب إني
ماوطتيش الدماغ أبداً
ولا عشقت اللي ضاع منى
ومش نادم ولا ح اندم
لكن خايف تغيب عنى
براءتي ورفضي للواقع
أو اتهاود مع سني
مابين زحمة هموم هِلِت
وبين حلم اتسرق منى

طبع العساكر

قُلنا دا طبع العساكر
يخربوا ومايعمروش
بصوا شوفوا ازاي تاريخهُم
قُلتوا لأ ما بتفهموش
وانتفضتوا وهات يارقص
وطبل رزع ماتختشوش
دول سندنا ودول أملنا
وفجأه صرتوا خلاص فاشوش
حتى نهر النيل بيخلص
جاي يوم وماتشربوش
تصحوا تلقوا المية نشفت
من قدومها لدي الوشوش
خدروكوا بحلم باهت
فضوا من جيبكوا القروش
وعدنا تانى وقُلنا شوفوا
همُهم ملو الكروش
قلتوا لأ دا نصيب وقسمه
قسمه سودا وماتفوقوش
إلا لما الغازي يدخُل
ارضنا ويبنى العروش
فوق جماجم عاشقه تركع
للوسخ وكتير هاموش
عشقُهم كدب وخيانه
وان علو مابيرحموش
ضدنا بيبقوا الفوارس
للعدا بيبقوا الهاموش
من زمان نسيوا المعارك
همُهم بس الكروش
والدجل ب احلام كتيره
تتنتهي وتصبح فاشوش

"

وانتوا لسا الرقص داير
نعترض تطلع جيوش
اننا ملوك الغباوه
واتهام مابتفهموش
ألف مبروك العساكر
ياعباقره وماتلوموش
غير غباوة طبع فيكم
لما تصحوا وما تلاقوش
ميه حتى تبلوا ريقكم
وع العساكر ماتلوموش
طبعُهُم وغريزه فيهُم
يخربوا ومايعمروش

اديها زقه

مصر باديه خلاص بتنهض
لو سمحت اديلها زقه
بس زُق بكل قوه
ودُق برضو بكُل دِقه
من زماان عماله تنهض
وانتا شايف ولا لأ
ولا خايف يحسدوها
يبقى اجيبلك خرزه زرقا
لاحسن الإنجاز يطرطش
وأي نُقطه معانا فارقه
رغم إن الكل نايم
والمراكب برضو غارقه
بس يعنى نحب نقفش
أو نلاقى حجه فارغه
نبلع الأوجاع نكمل
والبلد دى فى حاله طارئه
يجلدوك لو مره تحلم
يدفنوك وب ألف ورقه
والورق مظبوط وجداً
للجميع ولا هيا فارقه
أصل مصر خلاص بتنهض
لوسمحت اديها زقه

رضا

مهما الحياه عاندت معاك
مشيها ودي وقول رضا
رغم السقوط حاول تقوم
والجاي أحسن من كده
وماتنهزمش تقول خلاص
خلى الخدود متورده
مهمن بهت الريحه فيك
واضحك كمان كيد العدا
وماتنتظرش كتير وعود
لكن تجمل بالرضا
وان يعنى مره الشواق كواك
جاور طِلِب فى السيده
وحبيبو ساكن فى الحُسين
لكن طِلِب فى السيده
ويوماتى رايح مرتين
علشان ينول كُل الرضا
وحبيبو نايم من يومين
وان قام يقول فين الغدا
ياكُل لحد ماتستغيث
والمعده أيه؟ متعوده
بعديها يبقى الشاي تقيل
ومافيش طِلِب ومافيش رضا
والدُنيا ماشيه وكُلو عال
خليك رزين واعمل كده

"

الراحه

منتظر يا موت تخبط
منتظر وبكُل شوق
أي شئ مابقاش بيفرق
والغروب زي الشروق
وحدها النهايات بتفرض
شرطها ومش قادر افوق
من شجونى ومن همومى
وانهزامات الشروق
كُل يوم ب او همنى ح افرح
أو نعيم فى الدُنيا ادوق
او تقُك الدُنيا بوزها
وتبتسم وتقول ح اروق
مره واحده الحلم يُصدُق
ينسى مايجيبش الخازوق
وتتقلب كالعاده ضلمه
وهات يامين من فين شروق
والإجابه الحاضره دايماً
احنا أسفين لك يازوق
م الفرح معدوم نصيبك
وانتظر تطلع لفوق
وامتى ييجي الموت يخبط
امتى يهدا فقلبى شوق
للرحيل من أسر دُنيا
سممت كُل العروق

"

صحوا سُكان الخرابه

عارف ان الجاى اسوأ
والفرح مُش للغلابه
واننا الخسران ودايماً
كل ماتزيد الطيابه
واننا الدايرين فى ساقيه
واللي كسبان الديابه
همهُم نفضل غنمهُم
نتحرق ونزيد كأبه
بس نفضل خدامينهُم
همنا نقولو لربابه
أو سيجارة زفت تخلص
بعدها نخُش الخرابه
نرمى جتّه يادوب نريح
والصباح نشرب هبابه
مهما زاد سُكرها مُره
كارهه دين أم الغلابه
همُهُم قال بكرا تفرج
والخراب مُغرم صبابه
عشقو بس وهمو إحنا
إما دول فملوك فى غابه
فيها لينا الجاى اسوأ
والبلاد مُش للغلابه
ولاجل بُكرا يكون قُريب
صحوا سُكان الخرابه

دم كان فى البدء عربي

يا وطن مافيهوش بُطوله
ويا زمان الممحونين
كُلُّهم فى الحسبه راجل
والحقيقه فراغ إيدين
يعجبك جداً كلامهُم
إما وقت الجد مين
يسندك أو يبقى ضهرك
بالتوافه مشغولين
دمُهُم مافيهوش عُروبه
ومن جليد كده مخلوقين
حُر كان العربى حامى
حتى لو خالفك فى دين
كان كرامه وكان رجوله
اما دول سكنوك متين
يا وطن أو دخلو ارضك
وارتضوا يوطوا الجبين
ايوه كان ابوجهل كافر
بس كان عربى اليقين
عُمرنا ما سمعنا وطى
أو خضع مره اللعين
دم كان فى البدء عربى
واختلط دمك بمين
غيرك خلاك معرص
صرت ضمن الممحونين
تتحسب ع الفاضى راجل
والحقيقه فراغ مُبين

العسكر وانشراح

جاب العسكر أخرهُم
وكلامهُم كُلو راح
طلعت أوهام ياأخينا
والحق على انشراح
رقصِت من غير ما تقبض
ع الفاضي تعبها راح
وكتير فى البر ياما
والحال حال انشراح
ندمان مكسوف يقولها
خايف ينسى البراح
يدخُل سجن العساكر
وانسى ياعم الصباح
بَطَل مابقاش يجينا
كان حلم جميل وراح
فجأه وهلوا العساكر
زرعوا ف بلدي الجراح
رجعت تانى الوسيه
والدم رجع مُباح
لو تعتب ع العساكر
أو تستنى الصباح
وكلابهُم قايمه نايمه
ومافيش غير النباح
بُكره الفنكوش حيطرح
واغرف وادي انشراح
اهى أمنت للعساكر
خربت وزمنها راح

ذنوب

واهى فوق دماغي اتطربقت
من غير سبب من غير ذنوب
يمكن عشان حالم غبي
من وهمى مُش عايز اتوب
حلمى الدواير تتفتح
والصدق يطرح فى القلوب
للشقيانين يصدُق خبر
مُش يعنى بس كلام يادوب
مسموح خلاص تتكلموا
ويا غلبانين حتلاقوا توب
يقدر يكون ضد الزمن
وكمان يكون فى التوب جيوب
فيها الأمان ضد المِحن
وتكفى شهر ياريت يادوب
من غير مانُصرُخ نستلف
نُربُط فى طوب
على معده فارغه
اتعودت على دي الخُطوب
ورغيف حزين وبنقسموا
على مية جروب
واحلام كتيره بتتنسف
بدأت هروب
على راسي فجأه اتطربقت
بدأ الغروب
فتحت ممالك من شجن
كوكب ذنوب
لمُجرد انى حلمتلي
بحلمين يادوب
قرشين أقيم بيهُم أود
وغرام بتوب

يُستر عيوب جسم اتجلد
فى بلاد يادوب
حقك ينوبك فى التُرب
متر ويادوب
دا ان يعنى حظك يخدمك
يقبل جروب
جمعيه فيها يدخلك
وابدء هُروب
قبل اما تكره دى البلد
وتشيل ذنوب

واعرباه

وأصرُخ ونادى على العرب
خلصِت وبيتك يتخرب
اما ان ناديت بقى ع اليهود
ف اطلُب تنول مليون طَلَب
متحضرين ومشمرين
جاهزين وجداً للغضب
فيه طيارات فيه دبابات
اما الكلام شُغل العرب
محتاج لرغى يشبعوك
اما الفعال جرسك ضرب
شوف حصه تانيه من الكلام
واهرُش وزيد فيك الجرب
واصرخ ونادي ب اعلى صوت
ويامين يغيثك م العرب
ح تلاقى أُمك جنب ابوك
لاطمين وبيتكو بيتخرب
واصرخ وشيل فوقك تُراب
ماتلاقى جُندى من العرب
قال ايه ياسيدنا بيحروسوه
قصر الزعيم أصل الجرب
وماعد شي حد عليك يُرُد
خُلصُم خلاص راحو العرب
والباقى ليك حُصيان يادوب
واتخن مافيهُم ينضرب
بالجزمه تُصرُخ بس ليه
كان ذنبى ايه بيه انضرب

عسكر الخراب

ودوا العسكر مكانهُم
خلوهُم ع الثُغور
حتلاقوا الشمس طلعت
وحتملا الدُنيا نور
وسجون ف بلادي تقفل
يتهدم ألف سور
وكمان الوهم يخلص
والكدب خلاص يغور
بس تشيلو العساكر
ودوهُم ع الثغور
حتلاقوا الدُنيا رحمه
والكون من غير طابور
ع العيش والشاي وسُكر
حتى زيارة القُبور
والكُل يفوق ويحلم
واثق جايلو السُرور
لو يوم رجعوا العساكر
من تانى على الثغور
بزياده خراب وسرقه
وأراضي بتبقى بور
ستين سنه ضنك واكتر
وبلاد بتضيع تغور
كانت قبل العساكر
صامده وثابته الجُذور
لا بتشحت يوم رغيفها
ولا بتنظم طابور
ومنارة علم شامخه
كُتاب مالينها نور
والعسكر بس دورهُم
فى الخدمه على الثغور

مش دور هُم يخربوها
ولا يدونا الخابور

فهلوة العساكر

بالعلم مُش بالفهلوه
ولا بالكلام
ولا بالعساكر يهبدوا
ويدوا التمام
الخير يهل على البلد
نُلنا المرام
مُش أعلانات ولا دندنه
ومعدوم عَلَّام
ابو مُحن صابغ خلقتو
وقالب مدام
كل اللى عارفو السهوكه
وكلمة تمام
يفشل ويبدء فلسفه
ورص ف كلام
خربت وناسها اتجننت
قلبت سُخام
ومعرصين بيسقفوا
وطار الحمام
هد العساكر غيتو
وباعوا الترام
لبلاد بتُمضغ همها
وتدخُل تنام
تشحت عشاها من الأُمم
وتقول تمام
سبعين سنه وبنجيب ورا
ونزرع كلام
ومعرصين بيسقفوا
وطار الحمام

يامعرصين

وبتزعلوا ...
لو قولنا يوم يامعرصين
وبتسهروا
تقولولنا عنو حاجات كتير
وتجعروا
وتزيدوا فيه كُتر الكلام
وتقصروا
والحق واضح وانتو ليه
تستخسروا
تشوفوه فى مرا تحسوا بيه
تتأثروا
طب هيا فين الإنجازات
ماتدوروا
وادولنا منها ولو جرام
واتنحرروا
وشوفولكو صرفه ف دا العبيط
واتنجروا
باع التُراب وش الغراب
ومافيش معاه
غير اصبروا
والصبر ع المجنون خراب
حسوا اشعُروا
وان يوم نقول يامعرصين
تتفشخروا
وتقولوا دا احنا ورا الزعيم
بتهزروا
وامتى العقول توعى الكلام
وتفكروا
يا معرصين وياممحونين
ويا كُل شئ تتصوروا

جايلك التفتيت ياوطنى

جايلك التفتيت ياوطنى
وكُلُهُم باصم أميين
كُل همو يزيد رصيدو
وع الكراسي مكملين
حتى لو يرهن بلادو
ويسجُد الواطى اللعين
ل اللى العن م اللى جابو
وجاب جدود أمو الكهين
غُرزه واتفتحت بلادي
وشُفنا كُل الطبالين
ناس وضيعه وناس بذيئه
وناس بتتبع أي مين
حتى لو صهيونى كافر
حتى لو معروف كوهين
ريحتو باينه ووشو طفاح
بالعداوه ابن اللعين
جدو كان خنزير
وثابت نص قُرآنا المُبين
ربي قال كونوا وكانوا
صاروا فيها مُشردين
وانهارده كلاب بتهتف
ضد كُل المؤمنين
بيك ياوطني وبانتصارك
وعد رب العالمين
إنك المنصور عليهُم
رغم كُل المخدوعين
إنهُم حيطول زمانهُم
يبقوا فيها مُخلدين
جايلك التفتيت ياوطني
إلا لو تملا الإيدين

بالبنادق والخنادق
تتفتح لولاد كوهين
جنبُهُم ندفن وسخنا
ندفن الباصمين أميين
اللى كُل الهم ليهم
يبقوا ع الكُرسي اللعين

الضرب فى الميت حرام

الضرب فى الميت حرام
وانا مُت من مليون سنه
لما السكوت غلب الكلام
والصمت عبا الأمكنه
لما اتولدت ف دى البلاد
وقبلت اعيش فى الأزمنه
الخاليه من كُل البراح
سجنانى قاتله السوسنه
وصهيل خيولى صبح تُراث
للمداحين والدندنه
ورهنت سيفي عشان رغيف
دخلنى فيه المطحنه
وحاولت اوائم فى الظروف
ولبست توب العنعنه
ب احكى الكلام عن كُل مين
ومافيش كلام عن دى الهنا
هجرتني فجأه نوت رحيل
لمت تفاصيلها الأنا
وسابتنى للضرب الحرام
سكاكين كتير متمكنه
لا محاها شعر وليل طويل
ولا حتى هداها الغُنا

دينهُم

شىء م الوجع شىء م الحنين
فى قلوب أسيفه ومطحونين
منصوب عليهُم م الميلاد
ولحد ماتُفض السنين
مولدها ويجيلهُم يقين
من إن دورهُم
كان مُجرد معزومين
فى بلاد لانافع كُفرها
ولاحتى دين
والدين مُجرد سلسله
لربط الإيدين
سبوبه لاجل ما يغتنوا
ولاد اللعين
كوم م الجوارى ومبخره
وملايين خزين
وخصيان كتير لو لُه مزاج
وألوف أميين
فى فتاوى جاهزه
وتتكتب للموعودين
وانا وانتا نندب حظنا
يبيعولنا دين
والجنه برضوا حيدخلوا
ومتأكدين
ملعون ابوهُم كُلهُم
ملعون دا دين
بيفصلوه على أدهُم
للمُجرمين
إسلامنا انضف من كده
وللمؤمنين
بالعدل مُش بالسلسله

ف رقبة حزين
وكتير بيشكوا من الوجع
ومن الحنين
بقلوب أسيفه ومُجهده
بتُمضغ آنين
من حلم دايماً يتسرق
والجلادين
على كل ناصية بيخطبوا
وكتير أميين
بيقولها حامل مبخره
للمُفسدين

و عشان انا مصري

و عشان انا مصرى
ما اقدرش اشوف بُكره
ما اقدرش حتى احلم
انى اترحم فتره
من غير مايجلدنى
أولادها للعاهره
عملانى خدامهُم
ومصهينه الفاجره
زي اللقيط فيها
أو غيمه ومسافره
مخلوق لبلاويها
ومناهده ومعافره
راهناني لديونها
والستر دا فكره
يا ما ضيعت قبلى
واهو فاضل الذكرى
من غُلب امثالهُم
اللى انتهوا بشخره
شخروها واتكلوا
من غير طلوع بُكره
و عشان انا مصري
ف ب اعيشها كالنكره
باحياها بظروفها
وماعندناش بُكره

انا لو جريء

انا لو بذيء أو قول جريء
مفروض اقول واكتب كده
كُ...م دين ام الحياه
على مين يأمن غدرها
فى بلاد بيملكها الطُغاه
والمتنا..ن من أهلها
ويقولك ايه؟ أصبر تنول
ولا نولنا يوم غير مُرها
وعرفنا فيها الإنجازات
انك تغور من برها
وتسيبها بس لممحونين
بيعبوا ياخدوا ف حلوها
وياريت تشوفلك أي طين
تدفن غرامها وحُبها
دى بلاد عشان المُجرمين
ولاشئ بيكسب أهلها
غير يعنى بس عَدَيَد طووووويل
ملايين وسايل دمعها
وان نطقوا مره وقالوا ليه
بعنيك تشوف كده دمها
وانا لو جريء انا كُنت اقول
حكايات يشيب حكيها
وحيعمل ايه بس الكلام
فى بلاد بتكره أهلها
ساقيه الجميع مُر المرار
إلا اللي خانها وذلها

ايييييه دُنيا

فاضل نقول مليون سنه
وتُظبط خلاص
ويلاقوا حل لدى البلد
ويجيبوا ناس
فاهمه الأصول متودكه
وعارفه الخلاص
مُش أى بغل نصدقو
ونعتبروا ناس
حد بصحيح عارف الشرف
مُش دا المداس
رابطين مصيرنا بدا الغبي
ورامين الأساس
حالمين ببُكرا ب يتولد
نرفع دى راس
محنيه دايماً م السلف
والدين لناس
كُنا احنا أكبر حلمُهم
واحنا الأساس
وان كلمونا بيرتعش
أكبرها راس
يُقف انتباه زى ال أِلف
قالع المداس
يُطلُب مطالبو نطمنو
ونقول خلاص
م المشمولين منا برضا
واهو وطى باس
ضمن ان عُمرو مايتحوج
ولا يحني راس
ودا كان زمان قبل الوبا
أيام ماناس

كانت بتفهم عندنا
وترمى الأساس
قبل اما يُملك امرنا
بغل وخلاص
والحلم بس يغور بقى
ومنو الخلاص

أهل مصر

ويا مصر مُش للطيبين
والمؤمنين واهل البلد
معجونه طول عُمرك مرار
ومضيعاه عُمر الولد
ساقياه صُنوف الإنكسار
صالباه ودايماً ينجلد
مرهونه بس لكدابين
واهو راح بلاش عُمر الولد
بلا طيبين بلا مؤمنين
لازم رحيل من دى البلد
أو فيك تحضر ليل طويل
وهموم لايُمكن تتجرَد
مرصوصه فيك من ألف عام
مابقيتش تسأل ع العدد
حلمك يؤن فيك المغيب
وانك تموت أو تتوئد
لكن زمان الوئد راح
حظك قليل يا دى الولد
مكتوب عليك فيها المرار
ياتهج منها يا تنجلد
ماهي مصر مُش ل لطيبين
والمؤمنين واهل البلد

صفيت العُمر

جمعت العُمر كُلو
صفيتو لقيت مافيش
غير بس يادوب أمانى
عافرت حاولت تعيش
لكن كالعاده خِسرِت
خِلصِت طارت ك ريش
بتشيلو الريح تُحطو
وكتمت ما همنيش
وهمست لنفسى هانت
قربنا نكون مافيش
رحله وجابت أخرها
حاول فى المود تعيش
سيبك من كان فى نفسي
وفُكك ماتغُمنيش
ضيعت العُمر كُلو واهم
حلما ن ح اعيش
لو لحظة فرحه واحده
والفرح ماحبنيش
فجمعت العُمر كُلو
وصفيتو لقيت مافيش

يا بخت

ويا بخت يتر احلك منين؟
أو مين يدل ف يوم عليك
فاتح بيبان للموعودين
ومعاند اللى اشتاق إليك
كان نفسو بس تزورو يوم
كان حلمو مره يحس بيك
رغم انو طيب وابن ناس
قتلو الغرام والشوق إليك
وف عز صحوه وف المنام
بيئن وبينده عليك
وف كُل وقت وكُل حين
فاتح بيبانو ومشتهيك
وانتا اللى سايق فى الدلال
والكُل يتحايل عليك
مخصوص لناس اما احنا لأ
وزهقنا من بوسها لإيديك
ملعون ابوك بخت ابن كلب
ملعون ابو اللى اشتاق إليك

يامعدده

زيدي الدُموع واطفى الشموع
عَلَى العديد يا معدده
من يوم ليوم
ب نشيل هُموم
وحالتنا زفت مأكسِده
وابن الحرام باع الترام
ونبش مقام السيده
والبعض مش عاجبو الكلام
لكنو عَرص قال رضا
ماشاها إن الحال تمام
وان الأمور أحسن كده
مش برضو احسن م العراق؟
أو يملكوك يوم العدا
قال يعنى دول بقا مُسلمين
والحُب مالي الأفئده
مُش نصابين مُش أفاقين
وسموم وماليه الأورده
زارعين خراب مسقي بهباب
والجاي أوسخ من كده
مايغُركيش منهُم كلام
ولا انتي ايه متعوده؟
ومكفاكيش منهُم سُخام
شبه الكلام مدهون رضا
مهما تلوكيه أو تُمضغيه
مهدوده جته مهمده
فمتحلميش ماتصدقيش
جاي الخراب جايا العدا
ف اطفي الشُموع زيدي الدُموع
عَلَي العديد يامعدده

باعوا ارضهم

شُفت البنات شُفت الولاد
رايحين يبيعوا ف أرضُهم
وكمان عجايز مؤمنات
وكتير مشايخ زيُهم
جاريين ورا جيوش اليهود
ويهوذا صارخ منُهم
طالعين وماسكين الحجر
ناويين وفاير عزمُهم
كارهين خلاص ليل السُكات
راكبين دماغُهم كُلُهم
ماليين إيديهُم بالمُتاح
ومافيش سبيل غير حِلمُهم
يايموتوا شايلين سلاح
أو يدوا غاصب أرضُهم
مفاتيح بيوت وصور جدود
دفعُم عشانها عُمرهُم
خلطوا التُراب بصمود طوييل
والأرض شربت دمُهم
طرحت زتون قمح وورد
بقى دول يبيعوا ف أرضُهم؟
ياسلام على دماغك ياتور
يا ابو عقل شارب منُهم
كُل الوسخ والإنهزام
ممحون وحايح زيُهم
كُل اليهود بيلوطوا فيك
ويا مخصي عاشق حلمُهم
أخرك ياواطي وزي أبوك
وأصول جدودك منُهم
وبيخدعوك وبيوهموك
بقا دول يبيعوا ف أرضُهم

أخر مكان مزروع شرف
والعز ساكن عندُهُم
بيدافعوا عن شرفك ياتور
مُش بياعين دول أرضُهُم
وان فُقت يوم وعرفت ابوك
يمكن تكون كده زيهُم
واسألها لامك بابا مين ؟
قبل الكلام كده عنُهُم
أخر حُدود شرفك ياتور
لو تبقى راجل زيُهُم

صباح الفُل يا أقصى

ياصباح النور يا أقصى
وياصباح الأقصى فُل
غصب عن أي ابن واطيه
مُنبطِح بيمُص ذُل
باع كرامتو وباع رُجلتو
وجاي يُنفُخ فينا سُل
عن مُصالحه وعن مُهادنه
بسِحنِتو المليانه غل
كلب بيهز هز ف ديلو
ويتكسف فى العين يُطُل
عين بنات شالوا الحجاره
وعين عيال معجونه فُل
حالفه يوم ما تبيع شرفكُم
ترتعش وتبات فى ذُل
إلا لما الأقصى يرجع
والحساب يجمعنا كُل
بين كلاب هزت ديولها
وبين أسود مُش عاشقه ذُل
قدمت للأقصى روحها
وجات تقوللو نهارو فُل
ياصباح النور يأقصى
وياصباح الأقصى فُل
مهما طال الليل بيرجع
وجهك الباسم يُطُل
ينتفض يُنفُض تُرابو
ويرفع الأذان فى كُل
بيت عِرف معنى الرجوله
مُش كلاب معجونه ذُل

مواكب غزه

هلت بشايرك يا أمل
والركب سار
يطرح ويُنشُر ع الملأ
عِطِر انتصار
مِسك الروايح م الدما
وضي الفنار
يهدينا أيوه حننتصر
أخر المسار
سيرتك حتفضل مُلهِمه
ومليون نهار
دمك كتبهُم يابطل
سَند الجدار
فى نفوس كليمه ومُتعبه
والعزم خار
نُلت المُنى نُلت الشرف
والأفتخار
ع الجنه رايح تحتفل
واستنى جار
جايلك قريباً يابطل
نسَج النهار
من دمو مُش بالولوله
وترديد شعار
وسلام مؤقت يابطل
وتدوم فنار
دايم وباقي فى أمتك
رغم المرار

يا ابو الشهيد

يا ابو الشهيد خليك شديد
ورينا نورها لضحكتك
واكتم ضَنَاك رغم الوجع
واعلنها وارسم فرحتك
ابنك هناك فوق فى النعيم
بيبوس إيديها لحضرتك
ويوري للملأ الكريم
أصلك وطيبة غرستك
ويقول يا ابوي انا لك شفيع
وح اكون دلايل فرحتك
لما الرسول يُنظَر إليك
يضحك لبسمة طلتك
يسقيك بإيدو المُصطفى
وتشوف فى عينو محبتك
تتمنى لو مليون شهيد
نَسلَك وفرحك غرستك
أديت يابوى حق الإله
ربيت وطابت غرستك
وملا الرسول من كوثرو
وسقاك وطرحت فرحتك
يا ابو الشهيد خليك شديد
وريلو نورها لضحكتك
وافرس عدوك زيد كمان
مقهور ونفسو ف دمعتك

على باب السيده

انا كُنت فيكي البنايين
لما انتى كُنتي مشِيده
ملايين بيوت وقصور كتير
والناس فى كوخ متمدده
والكون فراغ هايم فى ليل
وانتي اللى بانيه محدده
شكل الهرم والأرتفاع
والنبض كام فى الأورده
وانا كُنت فيكي المؤمنين
قبل التاريخ ياموحده
عارفه الإله
شاكراه وحامده وفيه رضا
عارفه ان فيه يوم ل القيام
ومجهز الو الأفئده
بنشيد جميل مليان حنين مليان ندا
صابح وطارح أُمنيات
وحكاوي باهيه ومُسعده
وانا كُنت فى خيولك ركاب
لما الحُسام كان فى المدى
فاتح ممالك ب انتِصار
باهر وكايد للعدا
قبل اما تبقى خلاص سراب
وتنامي تصحي مُهدده
رهنوكي ناسك للضياع
باعُم وخربت أفئده
وانا وانتى أخرنا الرصيف
واقفين بباب السيده

متعوده

كالعاده الصبر طيب
وكلام م الصنف دا
من جِد جدودو جدودك
وانتا بتاع الرضا
والصبر ياعم طيب
بُكرا أحسن من كده
ومباخر حاضره جاهزه
وبتروي الأورده
بسموم طرحت فى قلبك
والروح المُجهده
تعريص فاخر وجداً
ولا أفخر من كدا
ف بلاد شحتت فطارها
وبتتسول غدا
وملوكها بينصُبولك
فَخ حيرضي العِدا
والشله بتديهولك
أد دراعك كدا
واصل حلقك يامؤمن
وانتا بكُل الرضا
فاشخ ضبك بتضحك
وتقول متعودا

ثورة كلام

غنوتين على ماتش كوره
وانتهى انفض الزحام
ضحكتين على نُكته بايخه
وألشه من وسَخ الكلام
ثُم عوده حميده جداً
يافو ارسنا الكرام
كُل حي يروح لحالو
والبلد هديت ونام
كُل عُشاق الحقيقه
واللي سهران اللئام
مُش وجع أو هَم فيهُم
لأ يا نور عين المدام
لأ يا ننو س قلب ماما
لأ يا عايش ع الكلام
سهرانين ولحاجه واحده
لما تصحى تلاقى كام
فَخ منصوبلك ياحيله
ويلا قوم جهز كلام

الحل الوحيد فلسطيني

هو ا دا الحل الوحيد
و انسى كُل كلام سمعتو
عن حلول كدا من بعيد
انتا وحدك
ايوه وحدك جبت عيد
و ابتديت تغزل ب دمك
فرحة الفجر الوليد
جيبو وحدك أيوه ب ايدك
من خزين عز ف وريدك
م العرب و انفُضها إيد
لا ب عرب ولا ب انتظارك
يوصلك ساعي البريد
لو قالوا لك شد حيلك
أو كلام كده من بعيد
بعد ساعه بيسحبو ها
ومُحنُهُم يبدء يزيد
ـ كان صِبِر و عِقِل شويه
دا السلام شىئ مُش بعيد ـ
ويبعتوا لسيدهُم سامحنا
يسجُدُم ويبوسوا إيد
و انتا طبعاً يبعتو لك
سِم بيغذي الوريد
خُد كلام حد اما تشبع
خُد كمان مليون نشيد
خُد وعود حد اما تكفر
بالحقوق وتُفُض إيد
دعم لأ ولأ طبعاً
انتا أيه لساك جديد؟
فاكر ان الرأي ليهُم؟
راح خيالك راح بعيد

كُل كلب ولُه حُدوده
وكُل عبد وعندو سِيِد
ولما يبقى حُر نفسو
تنتظر منو البريد
ترتجى منو المُساعده
وتنتظر ح يمد إيد
غير كده ف اعتبرو ميت
وهوا دا الحل الوحيد
تعتمد على بس عزمك
ف العرب ماتت أكيد
واللي فاضل بس صوتهُم
همهماتهُم كالعبيد

ترامب وعربو والمبوله

من بلاد اجدد مافيها
بيت نقول 2000 سنه
ومن سنين قول 300
فيه دهنا المبوله
والكنيف ياسى بلا
واللى بالعربى المُنمق
تتنطِق بيت الخلا
تبقى ا قدم من بلادك
من بلاد ساكنه الفلا
من عروش رضيت بذُلك
دلدلت قالت هلا
بالوجود ماكانتش تحلم
قبل ما يهل البلا
وكان كنيف بيتنا الصُغير
حلم ليهُم مُش خلا
فيه ب يحلم يستحمى
شيخ شيوخ عرب البلا
وانهارده بكُل جُرأه
بتأمروا وتنهوا الورى
والرهان ان احنا نركع
أو نبيع ونجيب ورا
واحنا بطلنا المُناقشه
والكلام للمبوله
هيا تحكي لكُم تاريخكُم
وامتى تبقوا المزبله
لما بس الأُمه تصحى
ولما نبدء غربله

فى انتظار

ف انتظار يا عُمر تخلص
قصِة السفر الطويل
نخلعك ننفض منك
مهما كان يعنى البديل
جنه؟ نار؟ مين اللي عارف؟
حظنا وفين السبيل؟
المُهم الرحله تخلص
ننجرف مع أي سيل
يخلص الهم اللي فينا
وتنتهي سنين الرحيل
كُل يوم ورا حِلم تافه
ان بُكرا نفُض ليل
ونلقى بعدو الفجر طارح
حتى لو يعنى بقليل
وعُمرو مره ما لاح صباحو
أو فى يوم جاب البديل
لانتظار العُمر يخلص
أو يبان لينا السبيل

فلسطيني

فلسطيني فلسطيني
فلسطيني ومُش وحدي
ملايين الفلسطيني
ب اكون مصري
وفلسطيني
واكون سوري
وفلسطيني
واكون سوداني وعراقي
لكن برضو فلسطيني
واكون هندي واكون كوري
واكون صيني
وفلسطيني
من المغرب من المشرق
ومن طهران فلسطيني
ومن صنعا وم الدوحه
ومقديشيو فلسطيني
ومن دكا لجاكارتا
فلسطيني
ومُش بس الحدود غزه
ولا عكا ولا يافا ولا نابلس
فلسطيني
وفى المريخ تلاقيني
فلسطيني
وكُل الكون يناصرني
فلسطيني
ومُش جنسيه دا مذهب
وسادس رُكن في ديني

قُدس واحده

قُدس واحده دوله واحده
واللي عندو كلام يلمو
يفوق لنفسو يداري عارو
يخفى يتنيل على امو
موعودين بالقُدس كامله
في الكتاب مش حكي أُمو
نحنحاتو تكون لنفسو
وحدو يشرب طفح سِمو
لحد ما يفرجها ربك
نصحى نلقى القبر لمو
غار في داهيه راح جهنم
واللي باقي بس ذَمو
فيها خالد ويا أهلو
وأهلها الملعونه أُمو
موعودين بالقُدس واحده
ف دوله واحده
ف أُمه واحده
في يوم ما زادوا
في يوم ما عادوا
في يوم ما لموا
وهيادي آية سقوطهُم
واللي مُش عاجبو على امو

القُدس عربيه

والقُدس عربيه
كانت وما زالت
وحتبقى عربيه
مهما غواك سيدك
وطيت بحنيه
وشاورلك اجلدني
زيد الجراح فيا
أوحتي رحلني
زود منافيا
وبعدها اصلُبني
جهراً علانيه
واحرقهال الجُثه
وابدُرها ف الميه
مليون صدا يجاوبك
القُدس عربيه
كانت وما زالت
وحتبقى عربيه
خليك بقى فعرشك
قوم اسندو شويه
والباقي من شرفك
دم وبقى ميه
سيدك بيندهلك
ما ترُد يا خطيه
محتاج كده يفرفش
قوم هزها شويه
يلا بقى اتحزم
وانزل بحنيه
ومهما طال رقصك
ف القُدس عربيه
كانت وما زالت

وحتبقى عربيه

صباح القُدس

صباح القُدس ع الأُمه
مشاعل والسراج هِمه
حناجر بالنشيد تهتف
سواعد للبُنا هامه
بتتزين بتتواعد
وحاضنه للجميع لامه
من المشرق من المغرب
طريق واحد لدي الأُمه
وكُلو في اتجاه واحد
بيتلاقوا في دي اللمه
ندا واحد نشيد واحد
صباح القُدس ع الأُمه
يامكنونه يا متصانه
يا باقيه والضياع هُما
ياونسانه يا ريانه
ياصامده والركُوع هُما
جرابيعها وخُصيانها
هلافيتها لدي الأُمه
صباح المجد ع الأقصى
صباح القُدس ع الأُمه

احتراف الفقر

الفقر ف بلادي احتراف
مُش حظ من صُنع القدر
ولا أمر صادر م الإله
ولا وعد مكتوب ع البشر
ولا حتى قلة مؤمنين
أو يعني عُباد البقر
ولا لعنه من فرعون قديم
طلسم ودافنينوا الغجر
الفقر حرفة كدابين
على كوم جراد فيها انتشر
كُتاب لمامه وقوادين
وشيوخ غوازي بتنتظر
موتك عشان تاخُد عزاك
وتوصي وارثك يصطبر
قُدام عساكر أجروك
من يوم ميلادك تفتقر
والجري ورا شبه الرغيف
بقى هوا همك والخبر
ويمُص دمك كُل مين
شَمر كمامو وقام هَبر
وبيقنعوك انك فقير
وان انتا لازم تصطبر

إندب حظك

حظ دين أهلك قُليل
والعمل فى الحظ ايه
علم واتعلمت خالص
بالشهاده عملت ايه
غير كلام مليان هجايص
جمعو وطرطر عليه
والفلاسفه كأى حاجه
بيهربوا وفى الخلع ايه
ويسيبوك واحد بتُلطُم
تشتهى المش تلاقيه
وان قابلتو بيجرى منك
يعمل انو فراخ بانيه
وياما عرص وماشي حالو
بالدولار مُش بالجنيه
وياما فذ وفيها ساكن
ع الرصيف والعين عليه
ليل نهار حارقين فى دمو
وان نطق يتقاللو ايه
عالى حسك
وف كلامك
نبرة التبكيت يابيه
مُش كفايه رصيفنا لمك
والبلد تعملك ايه
ينقهر يندب فى حظو
بس ندبو حيعمل ايه

صعيدي مزرجن

ولا ليك حلفان عليا
لكن خُد دا اليمين
مُش طايق أي حاجه
ولاطايق أى مين؟
قافل على خشمى جامد
وب اليس فيه بطين
زهقان وباحاول اكتم
وباساير فى السنين
واصله لحلقى الهزايم
بامضغ مُر الآنين
وباحايل الصبر يُصبر
يستحمل دول يومين
وباطبطب ع اللى جابو
والعن مُخو التخين
ياصبر اصبُر شويه
يعند ويقول منين؟
يرفع فى إيديه ويدعى
ويشتم فيا اللعين
وكمان يز غُدنى جامد
ويقول ما تقول آمين
وبأمن بعدو خايف
يزعل منى اللعين
ما اهو دا وبس اللى فاضل
والباقى من السنين
واهو باين حالى واضح
باين ولأي مين؟
وما فهمتش تبقى ناقص
وكمان مُخك تخين
ولا ليك حلفان عليا
ولا ليكشى كمان يمين

كداب موجود بعساكرك

كداب موجود بعساكرك
وسجون مليانه رجال
لو خرجت بُكرا ح تسقط
ويومين ح تكون فى سؤال
عن دم ف رابعه وغيرها
وزكايب م الأموال
وبنات فى السجن اهى شابت
بعد مادخلوه كعيال
فى السن ومش فى القيمه
فى زمان حُكم البطال
الشاطر قوى على حُرمه
وحدودو يبيع بريال
والدم ف عهدك ميه
والميه كمان لزوال
بعد اما شافوكوا جيرانكُم
أُكذوبه ومحض خيال
فرسان على مصر وناسها
أما لاعدائها شوال
مفتوح ولايُها دافع
والدافع طبعاً شال
كُل اللى يقابلو ايلمو
مُش شايف فيها رجال
علشان فى السجن رجالها
وتطلع فى يومين تتنشال
ويزول كدبك وعساكرك
وتواجه ألف سؤال

يطلع دينك لما تفلس

يطلع دينك لما تفلس
وخانتك تنقل ل المديون
كُلو عليك يدخُل يتغوط
حِلمك بس يشِد سيفون
حتى الناس اللى انتا شايلها
وقُلت مسير ها لشّده تكون
بيعايروك وبتسمع منهُم
مايطلُبه المُستمعون
تبقى لبانه ف جوا حنكهُم
للغمزات واللمز زبون
بعد ماكان بيطبطب جامد
صار يديك وبإيد الهون
وانتا بتضرب نفسك جزمه
وحتى الجزمه اهو صابها جنون
لما تشوفك جاى بتبعد
زهقت ضرب ف دا المجنون
واللى العالم كُلو مخاصمو
وناسي كمان رقم التيلفون
واللى بيسأل بس الداين
المستنى تسِد ديون
وانتا مفلس طالع دينك
وادى مقامك يا المديون
كُلو عليك داخل يتغوط
وبُشرة خير لو شَد سيفون

دُنيا بتنصب عليك

لسا الأيام حتُنصُب
لسا وتضحك عليك
وتراودك ع اللى عندك
وتفاصلك فى اللى ليك
هيا الطبع اللى فيها
وانتا الحلم اللى فيك
عاشق غاوى البراءه
تحمد وتبوس إيديك
وتقول هانت حتفرج
وتغمضها لعينيك
عن أى حاجات شايفها
بتعكر طبع ليك
تتبسم وانتا كاظم
براكين بتهب فيك
ما دارتش فيوم فى بالك
ولا مرت يوم عليك
انك تكره براءتك
وتفاوض على اللى ليك
وتفاصل حتى يفضل
ذكراها يندى فيك
يروى الصبار فى روحك
يهدا ويُصبر عليك
إما تكون النهايه
أو يخلص طبع فيك
دايماً حالم مصدق
دُنيا بتُنصُب عليك

راجل ورجال وارجل

اللى قال ياثوره راجل
واللى نزلوا معاه رجال
واللى جوا السجن أرجل
م الحقيقه وم الخيال
هُما دول يعنى الرجوله
وهُما دول خيرة الرجال
لسا مافاوضوش وأبداً
مهما قُلنا السجن طال
ومهما طال بيطول عليهُم
ع العساكر والبغال
حلمانين حد يفاوضهُم
حُكمُهم يصبح حلال
والرجال فى السجن ثابته
عزمُهم هز الجبال
ف اللى قال ياثوره راجل
صعب يتاقل بمال
واللى ثاروا معاه ونزلوا
هُما دول بس الرجال
واللى جوا السجن أرجل
م الحقيقه وم الخيال

اللي يريدك

اللى يريدك يُجبر خاطرك
حتى ان كانت كلمه وحيده
حتى ان كان بسلام ع الماشى
او يهمسلك حتى سعيده
أى تحيه ان شا الله مشاوره
تطلع منها بجُمله مُفيده
إنك عشقو الساكن روحو
رغم الدُنيا العامله بليده
مُش عارفاه ولا فاكره ملامحو
غير فى الهم عفيه شديده
واللى يريدك يوم ح يجيلك
مهما تكون السكه بعيده
مهما تعاندوا الريح بيجاهد
زهقو يادوب بيكون تنهيده
مهما يصادف مهما يواجه
مهما تكون العتمه شديده
حتى إن كانت صعبه الخطوه
وحتى ان كانت مشيه وئيده
هِدِت حيلو الرحله لكنو
عندو يادوب أُمنيه وحيده
إنو يملي عينيه من وشك
وبعدها صعدت روحو شهيده

أفلام العسكر

للناس اللى طافحه الكوته
والناس اللى فى الأحلام
بتحاول تعافر تزرع
وتمد الخُطا لقُدام
وتقلب كتير فى خيبتها
وترُص الجتت أكوام
وتنادى خيال لُقمتها
وتقوللو الرغيف بقى كام؟
فى السوق انهارده سعرو
وجرامو حيوصل كام؟
والناس اللى عارفه الفوله
م الأول وكُلو كلام
وانخرست وقِبِلِت تِسكُت
فى الأخر تخُش تنام
ويقولك بعيد عن ط..ي
وانا أَمِن وكُلو تمام
ينتصروا ح اقول فين حقى؟
ينكسروا ح اقول شمام
ولو مناجي اللى قام بالهوجه
ومعرص بتاع برشام
والغالب معاه مصلحتى
للغالب أنا خدام
كيف حالكُم وكيف العسكر
هل فوقتُم من الأوهام
والوعد اللى قد الدُنيا
وزكايب من الأحلام
عايشين الحياه ويانا؟
ولا انتو مع الأفلام؟

عاش يناير

عاش يناير عاش حارقهُم
عاش بيملاهُم خصام
للحقيقه وللرجوله
والهنا بكلمة هُمام
عاش كايدهُم عاش ذاللهُم
عاش حارمهُم م المنام
عاش كاشفهُم لما عادوا
وبدلو ف معنى الكلام
بعد ما كانت دى ثوره
فجأه لا بأمر النظام
عاش حارمهُم م الكرامه
وعاش حارمهُم م السلام
عاش حارمهُم من فلوسُهم
عاش حارمهُم م المدام
سد نِفس الكُل فيهُم
عجِز العايق قوام
خلا خوفو يصير إلهو
وخلا كُل الكون سخام
مُنتظر وف أى لحظه
إمتى حتطولو السهام

رصيد الناس

رصيدى مِنُهُم زيرو
ومتونس بدون الناس
وقلِتهُم بقت مُتعه
ويارِبى على الأحساس
كأنى فُزت بالجنه
وريحت اللسان والراس
من ال قالوا؟ ومن عادوا؟
ومن عبوا الكلام برصاص
ومين فاتك؟ ومين باعك؟
ومين خطا عليك بمداس
ف والله العظيم مُتعه
وتتاقل كمان بالماس
تجربها ماتسلاها
ولا تملو لدا الإحساس
وتسعد بالرصيد زيرو
وترتاح م الوجع فى الراس

الواسطه

زرع الواسطه ف بلدنا
طارح وف كُل حين
أبداً ما اتجث جدرو
ولا مات شجرو اللعين
وشعار ل الدوله رسمى
وكلامو على التخين
يمشى ويصبح أوامر
واهو قرب يبقى دين
واقف شادد ف حيلو
ولا همو يحاربوا مين؟
مُسلم أو كان مسيحى
أو حتى المُلحدين
وانتا وحظك وثُقلك
فى الواسطه دى تبقى مين؟
عرص ملظظ وقادر
ولا النوع المتين
اللى ماتلبسش حاجه
للساده المسؤليين
والواسطه تخلى مُلحد
يبقى إمام الحُسين
يُخطُب فى الناس وعادى
ويقولوا وراه آمين
ويصلى الضُهر جهراً
والمغرب ركعتين
والفجر الساعه 9
والعصر مقيلين
نلغيه والناس تريح
واهو نبقى مُيسرين
يصبح بعديها مُفتى
ويقاوح فى التخين

بالردح وبالراذيل
مُش بالنور الُمبين
يتقال اهو دا الغزالى
والباقى المُفسدين
عالم من ضهر عالم
والواسطه من المتين
اللى ماتلبسش حاجه
للساده المسؤليين

ماخلاص نهبوها العسكر

ياعبيطي ابو مُخ متربس
وعليه بالكوم كوالين
صدِت بتقول لك فكر
وتجيب الفِكر منين؟
ياابو راس مافيهاش غير همك
للتبن وكيلو طحين
والماتش حيبدء إمتى
بعديها كمان فيلمين
وختامها يكون فى الغُرزه
بتشد هباب حجرين
وتكمل نوم على بطنك
كما عِجل نقول طنين
ونقول لك ثوره تزرجِن
تُهُرُش وتقول على مين؟
نهيوها العسكر ياا هبل
وكمان حيبيعوا الطين
تُقعُد تنتف فى حواجبك
وتحتنف فى الحاجبين
وتقول راح اشوف وحافكر
والفِكر تجيبوا منين؟
ماخلاص نهبوها العسكر
ولا فاضل حتى الطين

الخيار المصري

مصر اللى فيها الوجع
بس المُتاح كخيار
والتين لأهل البدع
جميزها للأحرار
وعنبها غاوي الخِرع
ولمونها ل اللى ثار
وبصلها ل اللى انتفض
واللحمه للفُجار
بطيخها ماسخ دِلِع
للثوره والثوار
تسمع كلام البلح
تفرح تقول مُمبار
تصبح تلاقى الجلخ
عشش على الصبار
وتقول رغيف نصطبح
وياريت نلاقى خُضار
تلقى الرغيف اتحجز
حسبوه من الأثار
والطبخ صار تُهمتك
لو قُلت اولع نار
إلا عشان البلح
ونوينا نعمل زار
يمكن كلام ال بلح
يطرح فى يوم مُمبار
ونلاقى جنب الوجع
شئ فى البلد دى خيار

أصناف الناس في مصر

صنف (الناس) فى بلدنا الأتى
واللى مادونهُم بقى يتحسر
أول ناس الكُل عارفهُم
باينه صريحه وهُما العسكر
ثُم شريكهُم فى السبوبه
كاتم حق وقاضى استخسر
كلمة حق صريحه يقولها
عد الخطوه لورا واتأخر
ظبط نفسو مع السبوبه
والأحكام كما موز بيقشر
ثُم يليهُم قسم دعاره
على إعلامى وعُمرو ما فكر
إلا منين الكتف ياكُلها
وعُمر الحسبه معاه ما بتخسر
زوق بوصه عملها عروسه
وجد العسكر طبعاً عنتر
ثم يليهُم شيخ وحلنجى
جاب م الأخر وعمل كوثر
ساب احاديثو وحُكم كتابو
وكُل الفتوى يجوز للعسكر
ايُها حاجه ف دينو مُتاحه
ماهو مُش مُسلم ولا مستنصر
شىء كده سطحى ماعندوش مِله
غير للفته ولحمها أكتر
أما الباقى ف اديك معاشرهُم
واحد منهُم وبتتحسر
وبتستنى العُمر يعدى
تخُش القبر قوام مُش أكتر
وانتا بتسأل ـمصرك ـ جامد
بقى دا نصيبى وحقى مُش اكتر؟

وطبعاً مُش حتلاقى إجابه
غير من جته وراك ب تصفر
خُش بسرعه ياعم وخلص
مصر لناس مخصوصه مُش أكتر

وطبعاً مُش حتلاقى إجابه
غير من جته وراك ب تصفر
خُش بسرعه ياعم وخلص
مصر لناس مخصوصه مُش أكتر

عيد الشرطه

احلى اعيادنا ياعيد الشُرطه
ياناس ياودوده وضد السُلطه
وكُل همومكُم بس راحتنا
ولا بنموت فى إيديكو بسكته
ولا بتهينوا لحد كرامه
ودايماً صافيه قلوبكو وبفته
والكُليه مُتاحه لكُلو
ولابرشاوى ولا بالواسطه
واللى شاغلكُم بس المصري
واقفين تشووا وتدولو كُفته
ومية سلطه عشان يتشبرق
أو يطفحها إن جاللو زُغطه
وكُل همومكوا الناس البلدى
والمرميه ف أيها حته
والواقفين بالدور ع اللُقمه
والدافعين للحلم الكارته
لاجل مايسند حيلو يعدى
أو يسمحللو كمين الشُرطه
والمسجون على كلمه يقولها
والمطحون مهروسه الجته
بكل صنوف تعذيب الدُنيا
وفيه بالكيلو وفيه بالحته

أسير مصري

أخِر حاجه ف بالهُم انتا
وأخِر حاجه ف بالهُم مصر
مُش فاضيين للفول يامعفن
ولا للناس العره الكسر
ولا للعته السارحه ف جته
ولا تعليم ولاصحه وفقر
ولا بالحال يتحسن امتى
ولا بمشاكلك فايقه الحصر
بالنسبلهُم سيرتك تقرف
مهما يزيدوا لمونهُم عصر
شوفتك دايماً بتعصبهُم
بتخليهُم ينسوا النصر
لما انتصروا علينا بكيفنا
واحنا رضينا نكون الكسر
قُلنا حنبنى وادى احنا بنينا
لكُل معرص فيهُم قصر
واستنينا المانجا حتطرح
تفوا علينا وقفلوا القصر
صاروا عيالنا عبيد لعيالهُم
والأحفاد يتولدوا ف أسر

تباريح

انا وانتا وتباريح الريح
وايام بتصفى ف أخرتها
والميت محسود وجريح
بيريح ع القبر الجته
ويسلم بعديها قوام
يتنهد ويقوللو لقيتها
وياحظك ما ارتحت خلاص
ياجمال التُربه وحلاوتها
متساوى ومع أكبر راس
ولا حاكم ولا حد حيلتها
ويابختك بفُراق الناس
سبتلهُم دُنيا وتفاهتها
طلباتك خلصِت وخلاص
شهواتك راحت وفانيتها
ولا شاغلك تصاريف الحال
ولاهم الدُنيا ولُقمتها
وان زارك حد من الناس
يستعجل ويقوم فى ساعتها
لا تصدع حكايتو دماغك
ولايشغل بالك نهايتها
وانا وانتا وتباريح الريح
وايام بتصفى ف أخرتها

جوه وبره

ناس من جوا تمام كما بره
وتدخُل تلقى جناين ايه
حالمه الدُنيا بسيطه وسهله
وأى سؤال يترد عليه
بضحكه الكُل سامعها شايفها
ومافيش عندو اللى يخبيه
وان قال ح اعمل يبقى حيعمل
من غير وعد وشرط عليه
وناس تدخُلها دخلت ف داهيه
وكلمة داهيه قليله عليه
قايم نايم تلعن نفسك
م اللى رماك م الهم عليه
خالتى وخالتك وتنهى القعده
وانتا مقرر عارف ايه
حالف ماتكررها مُقابله
وحتى سلام ما حترمى عليه

وطن الهاش

علنى البيع والكُل مطنش
واما يفوقوا بيعملوا هاش
لأ ويناشدوا السارق يسرق
بس يخلى السرقه ياواش
مُش قُدام الناس كده علنى
حبة دم ماتحرجناش
أما السارق مش فى دماغو
خِزن حمل شال وطناش
والعسكرى بالنُص همسلو
وضرب المبلغ نقداً كاش
بعد يومين فكر واستغرب
ليه بينصص مع أوباش
حط إيديه ع الكنز بحالو
بعد ما خد تفويض ببلاش
والمغلوب على أمرو بيشحت
وصلة نت ويعمل هاش
تسلم إيدك يسلم نتك
أما الفعل ماتعملهاش
تفضل تكتب تفضل ترغى
أما الثوره ف كُخ بلاش
دول الموز فى الوطن العربى
وطنى العربي ياوطن ال هاش
علنى البيع والكُل مطنش
يسلم قُمك يعملوا هاش

مبروك ع الجمعه الجايه

يلا يامايكل صحي ماتيلدا
وخلو تريزا تقول لحنان
تنده حنفى يقول لبشاره
حد يصحى الشيخ رمضان
وبعد مايصحى ينادى لجرجس
جرجس ينده ابوه سمعان
مُخبر جاى من أمن الدوله
وجايب صوره من الإعلان
كُلو يقرب كُلو يركز
كُلو يفوق ويصحى ودان
انتوا معادكو الجمعه الجايه
والباقين معلش يامان
متعوضه فى السحب القادم
وادعى تنول أخر رمضان
وكُلو يشهل جهز نفسك
وادعك جامد بالبرفان
فجر الجمعه تكون متوضب
واقف جاهز كما طرزان
والأوتوبيس ح يعدى ياخُدكُم
وكلمة سر الليل جعان
قام متمنظر صابب جامع
جوا الصحرا وجاب لهفان
لأيها حاجه ف أيها حته
وحالم يصبح م النُدمان
قاللو تصلى معانا حتكسب
فُسحه وزيطه ووجبه كمان
قاللو ومالو يا اخويا ح اصلى
وصلو الجامع فجأه وبان
نُص الرحله مسيحى يامؤمن
على كم حد بدون أديان

عاليه وعالي الجبين

عاشت وتعيش ولادها
ولاده وكُل حين
مهما يبانلك وجعها
مهما تشوف الآنين
فى وشوش أشرف مافيها
م الناس الدبلانين
من حُزن دفين عليها
وسؤال رايحين لفين؟
لكن بتتشد حيلها
تُنفُض وسَخ السنين
ويادوب تمسح عرقها
وتصلى الركعتين
وتشِب كخيل أصيله
وتطبطب ع الجنين
ينزل فارس بغُره
باينه وزاينه الجبين
تسأل عن كلب منهُم
تستغرب راحوا فين؟
تضحك تغمز بعينها
وتقولك عاش يومين
والعضم اهو تحت رجلى
مرمى فى قبرو اللعين
تضحك وتبل ريقك
وتقول فعلاً يومين
كان فاكر تبقى دايمه
لكن دامت لمين؟
ولحد الكون مايخلص
ويشاء ربى المُعين
بقيامه خلاص ويبطل
فى الكون عد السنين

تبقى الولاده دايماً
أبداً وف كُل حين
عشتى وعاشت ولادك
عاليه وعالى الجبين

فاهم ولا معرص

فاهم عارف وناصح
حيطول بيك الخريف
فى بلاد تطلب حلالها
ماتلاقيش الرغيف
تُسكُن بدروم معفن
أنضف منو الكنيف
دلدول حريف تنافق
تركب تلبس نضيف
وتعرص حبه أكتر
يتقال حبوب ظريف
هوبا وكونت شبكه
يتقال أشرف شريف
كُلو بيتمنى ودك
كُلو يشوفك لطيف
شايلينك ل التقايل
مُش للشُغل الخفيف
تبقى الكونتيسه ماما
ودادى اللورد الشريف
حسك مالى المجالس
وادلع ياعفيف
واهبد وارزع براحتك
جامد خليك عنيف
جدك كان أصلو باشا
عُمرو مامسكوه بكيف
ولا ابوك كان ماشي حافى
ولا باتشى على الرصيف
ولاكان نفسك تهاجر
علشان تدخُل كنيف
كمل تعريص ياماجن
سيبك بقى م الضعيف

ابو علم وذوق وفاهم
يستشهد ع الرغيف
يهرى ويندب فى حظو
ويطول بيه الخريف
اوضه ف بدروم معفن
أنضف منها الكنيف

المحتويات

طارق التريري

أصناف الناس في مصر

عبد الشرطه

أسير مصري

تباريح

جوه وبره

وطن الهاش

مبروك ع الجمعه الجايه

عاليه وعالي الجبين

فاهم ولا معرص

Don't miss out!

Visit the website below and you can sign up to receive emails whenever طارق التريري publishes a new book. There's no charge and no obligation.

https://books2read.com/r/B-A-KEUT-LVYYB

BOOKS 2 READ

Connecting independent readers to independent writers.

Did you love الما كانت مصر دوله Then you should read صباح القُدس: by
طارق التريري!

من سلسلة الأعمال الكامله للشاعر طارق التريري والبالغة 20 ديوان
Read more at tarqablog.blogspot.com.

About the Author

منشوراتي
في بلاد الأي حد
قلبي اللي عشقك
إنفصامستان
وجع القصيده
كُل العساكر كدابين
الصُبح في بلادي
شباكي الفاتح
سُلطان العاشقين
قُليل لما باشتاقلي
دوايرك
دم الحُسين
على باب الله
صباح القُدس
عند باب الحلم
لماكانت مصر دوله

ذكريات الميدان
التُهمه عربي
Read more at tarqablog.blogspot.com.